Humour de ZOMBIES

Publié par **PRESSES AVENTURE**, une division de
LES PUBLICATIONS MODUS VIVENDI INC.
55, rue Jean-Talon Ouest, 2e étage
Montréal (Québec) H2R 2W8
Canada

www.groupemodus.com

Éditeur : Marc Alain
Responsable de collection : Marie-Eve Labelle
Designer graphique : Émilie Houle
Auteur : Michel Bouchard
Illustrateur : Alex A.

Dépôt légal – Bibliothèque et Archives nationales du Québec, 2011
Dépôt légal – Bibliothèque et Archives Canada, 2011

ISBN 978-2-89660-291-9

Imprimé au Canada

Humour de ZOMBIES

Michel Bouchard

PRESSES AVENTURE

TABLE DES MATIÈRES

PRÉAMBULE 7
DEVINETTES 17
SPÉCIAL MOMIE 35
TOC-TOC 43
REMARQUES DE MORTS-VIVANTS 51
ZOMBIE-ZARRE 73

Attention, ne lisez pas ce livre si vous avez peur des zombies ! Il contient tout un tas de blagues savoureuses avec comme trame de fond le phénomène des zombies.

Lire ce livre pourrait causer des troubles du sommeil aux personnes aux prises avec de l'insomnie. De plus, des études de la firme Simard-Vivant prouvent que vous pourriez avoir des troubles de vision si vous lisez ce livre la tête en bas dans une chambre sombre avec un monocle fluorescent; nous vous aurons averti !

Qu'est-ce que le phénomène zombie ?

Un zombie est par définition une personne qui projette un air absent, qui semble dépourvue de détermination. On ne parle pas ici d'un professeur de mathématiques à quelques mois de la retraite mais bien d'une personne qui est flasque, amorphe et qui manque de volonté (en fin de compte, si on y pense bien, on pourrait effectivement pointer quelques professeurs du doigt, mais nous nous en abstiendrons).

Dans la tradition haïtienne, le zombie est un revenant ramené à la vie par un houngan. Le houngan n'est pas un gadget vendu uniquement à la télé pour trois versements de 19,99 $, mais bien un genre de chef spirituel dans la religion vaudoue.

C'est lui qui ensorcelle le prétendu mort, qui le fait sortir de son tombeau pour le ramener dans le monde des vivants et le force à devenir son esclave.

C'est la littérature récente et surtout le cinéma qui ont par la suite donné des caractéristiques monstrueuses et dégoûtantes aux zombies, donc dignes des repas d'une cafétéria scolaire.

Comment on devient zombie ? Tout dépend des scénarios. Généralement, l'explication est simple : un virus échappé d'un laboratoire de savants fous, une expérience quelconque menée par l'armée, une morsure par un animal infecté, mais jamais à cause d'un muffin aux canneberges pas frais.

Physiquement, les zombies sont plutôt moches, ils ont la bouche ensanglantée et des yeux exorbités. Ils ne parlent pratiquement pas, à peine quelques balbutiements; ils crient ou grognent. Ils se décomposent tout en étant en vie... Mais morts... Heu...

Vivants mais morts, puis revenus à la vie pour ensuite... heu... Vous avez compris ! Non ? Relisez le livre depuis le début alors !

Dans les films, les zombies sont dépeints comme étant des créatures dont l'instinct les pousse à dévorer et à attaquer tous les êtres humains; afin de les rendre à leur tour des zombies affamés. Pourquoi on ne l'explique jamais ? Qui sait, peut-être pour qu'il n'y ait pas de discrimination.

Une fois infectées par un zombie, les victimes deviennent à leur tour des zombies et joignent les rangs des pas gentils en un clin d'œil.

Les zombies du cinéma diffèrent d'un film à l'autre; tantôt ils marchent plus lentement que quelqu'un qui se rend à un rendez-vous chez le dentiste, tantôt ils peuvent courir, grimper, sauter et danser la salsa sur un unicycle tout en jonglant avec des poissons pas frais (cette dernière information nous provient d'une source douteuse, c'est-à-dire un homme-singe prétendant posséder une tête de tortue et une pince de homard...).

Dans les films, un peu comme votre tante qui sent beaucoup la lavande et qui s'est mariée plus souvent qu'elle semble changer de dentier, les zombies sont rarement seuls. Ils forment plutôt des hordes, c'est-à-dire des attroupements de morts-vivants, à la recherche de chair fraîche, généralement de source humaine.

En fait, tous collés les uns contre les autres, ils sont un peu comme des jujubes en forme d'oursons de différentes couleurs qu'on aurait laissés sur un calorifère.

Le plus souvent, c'est le cerveau des humains que convoitent les zombies. Pourquoi ? Probablement qu'ils en ont absolument besoin d'un car le leur est hors service, un peu comme le directeur de certaines écoles.

Les zombies ne sont pas des créatures dotées de grandes capacités cérébrales; ils sont plutôt nonos et idiots. À un quiz télé, ils ne rafleraient pas le gros lot.

C'est donc avec plaisir que nous avons traduit ce livre directement du dialecte zombie pour vous.

Un grand cru d'humour zombiesque, cannibalesque et pastèque... (Ben quoi, ça rime !)

Après l'avoir lu, votre cerveau sera rempli de nouveaux savoirs et gonflé par vos rires et un afflux de sang à faire saliver n'importe quel zombie.

DEVINETTES

Comment appelle-t-on
un musicien zombie ?

UN DÉCOMPOSITEUR

Dans quel cas peut-on appeler
une personne un zombie ?

QUAND C'EST UN CAS DAVRE !

Quel est le temps de verbe favori
des zombies ?

LE PASSÉ DÉCOMPOSÉ

Comment appelle-t-on
une voiture de zombie ?

LE CHAR·OGNE

Que dit-on d'une bande de zombies errants dans une soirée disco ?

C'EST UNE HORDE À DANSER

Quel zombie goûte le meilleur ?

LE ZOM-BISCUIT

Quel zombie est le favori des bébés ?

LE ZOMBIE-BERON

Quelle est la chanson préférée des zombies ?

QUAND LES ZOMBIES-VERONT D'AMOUR

Quel zombie est pris dans un frigo ?

LE ZOMBIE-CARBONATE DE SOUDE

Quel zombie aime les gadgets ?

LE ZOMBIE-DULE

Quel zombie est exposé sur une table ?

LE ZOMBIE-BELOT

Quel zombie fait du ski et tire au fusil ?

LE ZOMBIE-ATHLON

Quel zombie est médium bien cuit ?

LE ZOMBIE-FTECK

Quel zombie exauce des souhaits ?

LE MORT-VOEUX

Quel zombie veut des livres ?

LE ZOMBIE-BLIOTHÈQUE

Quel zombie travaille
dans un magasin à rayons ?

LE MORT-VI-VENDEUR

Quel zombie a toujours hâte
à la fin de la semaine ?

LE MORT-VI-VENDREDI

Que dit le magicien zombie ?

ABRACADAVRE !

Quel zombie sent le plus mauvais ?

LE ZOM-BIDET !

Quel zombie contient le plus d'essence ?

LE ZOMBIE-DON

Pour quel zombie est-ce que
ça roule le plus ?

LE ZOMBIE-CYCLETTE !

Quel est le jeu de table
de prédilection des zombies ?
LE ZOMBILLARD !

Quel zombie vaut de l'or ?
LE ZOMBIE-JOUX

Avec quoi un zombie
découpe-t-il sa victime ?
AVEC UNE SCIE-METIÈRE

Quel zombie fait de l'air ?
LE MORT-VI-VENTILATEUR

Quel zombie va le plus à la plage ?

LE ZOMBIE-KINI

Quel zombie aime le vin ?

LE MORT-VI-VENDANGES !

Pourquoi le zombie a régurgité
en mangeant une tête ?

PARCE QUE C'ÉTAIT UN CERVEAU-MI !

Je suis le zombie qui sent
la crème glacée. Qui suis-je ?

LE MORT-VI-VANILLE

Quand dit-on qu'un zombie est heureux ?

QUAND IL « MORT » DANS LA VIE !

Pourquoi les zombies aiment manger
la tête des chefs d'entreprise ?

PARCE QUE CE SONT
DES CERVEAUX DIRECTION

Pourquoi le docteur a déclaré le bébé zombie dès sa naissance ?

PARCE QU'IL EST NÉ-CROPHAGE

Quel zombie est le plus musclé ?

LE ZOMBIE-CEPS !

Qu'éternuent les zombies enrhumés ?

DE LA MORVE «IVANTE»

Comment s'appelle un zombie
à l'université ?

UN CERVEAU LENT

Pourquoi le zombie sourit-il ?

PARCE QU'IL EST MORT DE RIRE

Quel zombie détruit le bien public ?

LE MORT-VI-VANDALE

Quel zombie est le favori de Dracula ?

LE MORT-VI-VAMPIRE

Quel zombie se trouve plus beau que les autres ?

LE MORT-VI-VANITEUX

Qu'est-ce qui allume un zombie ?

UN ZOM-BIC

Que dit-on d'une bande de zombies qui sentent les poubelles ?

C'EST UNE HORDE-URE

Quelle est la phrase préférée des zombies dans l'œuvre de Shakespeare ?

ZOMBIE OR NOT ZOMBIE...

Un zombie qui vient de manger deux langues est un...

ZOMBIE-LINGUE

Comment appelle-t-on une bande de zombies affamés qui déambulent avec des Ipad ?

DES HORDES-DINATEURS

Qu'a fait le papa mort-vivant avec sa tondeuse en constatant la longueur des cheveux de son fils mort-vivant ?

IL A TONDU SON GARS-ZOMBIE !

Pourquoi le mort-vivant est malade ?

IL A BU DU POISON-BIE

Qu'arrive-t-il quand un zombie devient prêtre ?

IL REÇOIT SON HORDE-INATION !

Que font les zombies dans la pharmacie ?

UNE HORDE-DONNANCE !

Qu'est-ce qui rend cette blague sur un attroupement de zombies médiocre ?

ELLE EST HORDE-INAIRE !

Comment appelle-t-on une demeure
remplie de morts-vivants ?

UNE MAISON-BIE

Quel est l'animal favori
de grand-maman zombie ?

SON PETIT CHAT ROGNARD !

Qu'attend le mort-vivant devant sa porte ?

SA LIVRAISON-BIE

Quand les morts-vivants
se chamaillent, on dit qu'il y a de la...

ZOMBIE-SBILLE !

Comment les morts-vivants arrivent-ils
à tous crier de la même tonalité ?

ILS SE SONT MIS AU DIAPASON-BIE !

Qu'enseignent les professeurs
morts-vivants ?

LES CONJUGAISONS-BIE

Qu'a fait le Judas mort-vivant ?

UNE TRAHISON-BIE !

Pourquoi le mort-vivant n'arrête
pas de se gratter la tête ?

IL A DES DÉMANGEAISONS-BIE !

Quel zombie se trouve mieux
que les autres ?

LE MORT-VIVANTARD !

Qu'arrive-t-il quand un pneu éclate
sur une voiture de zombie ?

IL DOIT RÉPARER UNE CREVAISON-BIE

SPÉCIAL MOMIE

Que dit la momie à sa maman
quand elle goûte sa pizza ?

MA-MO-MIA !

Quel est le genre d'humour
de la section SPÉCIAL MOMIE ?

LE JEU DE MO-MIE !

Qui est l'amoureux de la Momie ?

LE PAPIE !

Que dit le boxeur après une défaite
contre une momie ?

ELLE MOMIE K.O. !

Que dirait le mime s'il pouvait être momifié ?

RIEN, LE MIME NE PARLE PAS !

Que chantent les momies avant
d'être entourées de bandelettes ?

AIN-CHIFFON-FON-FON
LES PETITES BANDELETTES...

Quel est l'autre nom des cannibales ?

UN CROQUE-MONSIEUR !

Quand la momie peut-elle retrouver son chemin en bateau ?

QUAND LES ÉGYPTIENS METTENT LE PHARE-À-ON !

Quel est le comble pour
une momie sur un trône ?

MANQUER DE PAPIER HYGIÉNIQUE

Qu'est-ce qu'un amuse-gueule
pour un cannibale ?

SE RONGER LES ONGLES !

Qu'arrive-t-il à une momie qui ne mange
pas assez de forêt ?

ELLE N'A PAS DE DÉSERT !

Quelle souveraine, favorite des momies,
s'étale bien sur une cloison sèche ?

CLÉOPLÂTRE !

Quel président de la République française
ferait une super momie ?

NICOLAS SARCOPHAGE

Qui sont les plus petites momies ?

LA MOMINIATURE
ET LA MOMINUSCULE

Quelle est la boisson favorite
des momies ?

LA CA-MOMIE-LLE

Qui est le souverain préféré
des chiens momifiés ?

AMÈNDÈSOS

Pourquoi je peux me fier à une momie ?

PARCE QUE MOMI-FIER !

Qui est le souverain préféré
de la momie spécialiste en origami ?

TOUTAN-CARTON !

Comment se nomme le Yéti momifié ?

LA MOMIE-NABLE HOMME DES NEIGES

TOC • TOC

Toc, toc !

Qui est là ?

Un cas

Un cas qui ?

UN CAS-DAVRE !

Toc, toc !
Qui est là ?
Ken
Ken qui ?
KEN-NIBALE !

Toc, toc !
Qui est là ?
Namor
Namor qui ?
NAMOR-VIVANT !

Toc, toc !
Qui est là ?
Andréanne
Andréanne qui ?
ANDRÉANNE-NIMEZ-MOI
JE SUIS UN MORT-VIVANT !

Toc, toc !
Qui est là ?
David
David qui ?
DAVIDÉ DE TON SANG !

Toc, toc !
Qui est là ?
Cerf
Cerf qui ?
CERF-VEAU, JE VEUX TON CERVEAU !

Toc, toc !

Qui est là ?

Alain

Alain qui ?

ALAIN-VASION DE ZOMBIES !

Toc, toc !

Qui est là ?

Scoop

Scoop qui ?

SCOOP-EZ LA TÊTE DES ZOMBIES POUR LES ARRÊTER !

Toc, toc !

Qui est là ?

Maman

Maman qui ?

MAMAN-GER TON CERVEAU !

Toc, toc !

Qui est là ?

Lison

Lison qui ?

LISON-BIES ARRIVENT !

Toc, toc !

Qui est là ?

Jeff

Jeff qui ?

JEFF-ERMÉ À CLÉ, ILS NE POURRONT PAS SORTIR DU CIMETIÈRE LES SATANÉS ZOMBIES !

Toc, toc !

Qui est là ?

Une môme

Une môme qui ?

UNE MÔME-MIE
S'EST ÉCHAPPÉE DU MUSÉE !

Toc, toc !
Qui est là ?
Morve
Morve qui ?
MORVE-VIVANT !

Toc, toc !
Qui est là ?
Léa
Léa qui ?
LÉA-TTAQUES DE ZOMBIES SONT DANGEREUSES !

Toc, toc !
Qui est là ?
Dessert
Dessert qui ?

DESSERT-VEAUX, MANGER DESSERT-VEAUX...

Toc, toc !
Qui est là ?
CD
CD qui ?
CDDCD !

Toc, toc !
Qui est là ?
Lessard
Lessard qui ?
LESSARD-COPHAGE EST VIDE !

Toc, toc !
Qui est là ?
Paul
Paul qui ?
PAUL TEMPS DE TRAÎNER, LES ZOMBIES ARRIVENT !

Toc, toc !
Qui est là ?
Lappy
Lappy qui ?
LAPPY-DÉMIE DE ZOMBIE APPROCHE

Toc, toc !
Qui est là ?
Elmo
Elmo qui ?
ELMO-MIE !

Toc, toc !

Qui est là ?

Sylvie

Sylvie qui ?

SYLVIE-RUS NOUS ATTEINT, ON SE TRANSFORMERA EN ZOMBIES

Toc, toc !

Qui est là ?

Yasser

Yasser qui ?

YASSER-VI DE SOUPER À DES CANNIBALES

Toc, toc !

Qui est là ?

Je suis zombie

Je suis zombie qui ?

JE SUIS ZOMBIE-NAMBULE !

REMARQUES DE MORTS-VIVANTS

Il n'y a pas de service au numéro que vous avez composé, veuillez raccrocher et décomposer de nouveau.

Un chien qui attaque une personne en vie, on peut le qualifier de...

Mord vivant !

Une très bonne blague faite par un mort-vivant, peut-on la qualifier de mourante ?

On dit qu'un chat a neuf vies, mais combien en a un chat mort-vivant, dix ?

Un mort-vivant qui sort de sa tombe, il doit être embaume-maudit !

Le film favori des zombies :
L'ère dégueulasse 2

Sur le ring avec la faucheuse, j'ai lutté contre la mort !

Une maman cannibale à son fils en train de faire une partie de ping-pong avec son voisin : « Mon amour, ne joue pas avec ta nourriture ! »

Un petit cannibale à sa mère :
« Maman, je n'aime pas beaucoup ma nouvelle gardienne ! »

ALORS NE MANGE QUE LES PATATES !

Un zombie a malencontreusement perdu la vie une seconde fois, il avait la tête ailleurs.

Deux personnes encerclent un attroupement de zombies avec un fil !

Mon vieux, il faudra plus de horde !

Quand un zombie est triste, on peut dire qu'il a une peine de mort !

La pauvre femme, elle a rencontré un cannibale qui avait envie de doigts de dame...

Que dit-on quand on voit une douzaine de zombies sur une même guitare ?

C'est une guitare à 12 hordes

Un cannibale part avec le serveur du resto : « C'est le menu pour emporter ! »

J'aime regarder la faucheuse avec ces jumelles, ça me permet de voir la mort de près !

La Faucheuse n'est pas très intelligente de découper les gens en pièces, c'est un mort-sot !

Un mariage de morts-vivants où le mari riait dans sa barbe : « Lui jurez-vous fidélité jusqu'à votre mort... » « Héhéhé, oui ! »

Quand il a les babines gercées, le zombie se met certainement de l'embaume pour les lèvres !

Quand un mort-vivant n'arrive pas à se décider, on dit de lui qu'il est zombie-valent !

Un pauvre homme cherchait à manger des gens sur une terrasse complètement déserte, c'est un cannibale-con.

– Hé, toi la Faucheuse, tu sens mauvais, tu es laide, tu ne me fais pas peur ! Tralalère !

– Arrête, que fais-tu ?

– Je provoque la mort !

Le shérif à ses subalternes : « retrouvez-moi ce zombie et ramenez-le mort ou vif... heu... Mort ou mort-vivant ! »

La charcuterie préférée des zombies est certainement la morte Adèle !

On pourrait crier à un zombie qui déambule dans la rue sans but précis : « Hé, le mort tu erres ! »

D'une zombie qui s'en vient, on peut dire que la mort approche !

Je t'ai eue la Faucheuse, c'est à toi la tag ! Je t'ai frôlée, la mort !

Un cannibale très croyant a vu son rêve exaucé : il a mangé des oreilles de Christ.

Quel est le comble du savoir-vivre pour un cannibale ? Cuisiner un invité !

À Wimbledon, il y a des cannibales de tennis.

Quand on voit un zombie aux toilettes, on peut confirmer avec certitude qu'il y a une envie après la mort !

Les journaux parlent d'invasions de zombies et c'est écrit par la Faucheuse en personne, regarde, on peut y lire l'article de la mort...

J'ai creusé un trou et j'y ai enterré la Faucheuse ! C'est ce qu'on appelle semer la mort !

Un zombie qui sent une fleur, il ex-hume son parfum !

La Faucheuse participe à un quiz télévisé très difficile, c'est vraiment une mort cérébrale !

J'ai travaillé pendant trois ans dans le bureau voisin de celui de la Faucheuse, on peut dire que j'ai côtoyé la mort de près !

Zombies, faites ce que je vous dis !

C'est un horde !

Quand le zombie s'amuse le plus, c'est quand le fun-éraire...

Une expression à ne pas dire
à un cannibale : Mange ta main
et garde l'autre pour demain.

Ce zombie est délicieux,
c'est un cadavre exquis !

À la fin du secondaire arrive
le cannibale des finissants !

Un humain bien assaisonné pour
un cannibale a les cheveux poivre et sel !

Quand on peut voir un halo de couleur
autour de la Faucheuse, peut-on affirmer
que c'est une Mort-aura ?

Une maman zombie à son fils :

« Ne mange pas tes spaghettis avec
tes doigts, tu les mangeras après ! »

Une maman à son fils cannibale :
« Non, ne suce pas ton pouce !!! »

Maman, le voisin n'a pas l'air
dans son assiette...

C'est parce qu'il est dans la nôtre !

Que dit le zombie dans une oasis de paix ?
Il dit que c'est un cas d'hâvre voyons !

Le mort-vivant n'arrête pas de rire,
il se zombie-donne !

5 Avantages d'être un zombie :

1- Tu ne cours jamais et tu n'as jamais de cours !

2- Inutile de te laver, tu vas sentir la charogne quand même.

3- Tu n'attrapes jamais de rhume de cerveau.

4- Tu sais ce qu'il y a après la vie...

5- Tu ne te poses pas de questions quand le serveur te demande ce que tu vas manger : son cerveau voyons !

4 Désavantages d'être un zombie :

1- C'est un peu désagréable de se jouer dans le nez et d'y perdre un doigt.

2- Ton haleine risque de sentir mauvais si tu bouffes un type qui a mangé de l'ail.

3- Il te faut de bons souliers parce que tu marches tout le temps.

4- Difficile de trouver un bon job quand on ne sait dire que « cerveau » et qu'on bouffe un collègue de travail à chaque occasion.

2 Avantages d'être une momie :

1- Tu ne manques jamais de papier de toilettes.

2- Après 2000 ans de sommeil, tu es en super forme.

CONSEIL DE PRO
N'allez pas souper chez
un cannibale qui vous invite
en disant : « Ce soir, on mange
du chinois ! »

5 noms à ne pas porter si vous êtes un zombie ou une momie

1- Omar Vivant

2- Aria Nimée

3- Maika Nibal

4- Lison Binette

5- Momie-Mai

3 bonnes chansons pour un Zombie :

1- C'est en revenant de Rigaud

2- Monsieur Cannibale

3- Moi j'mange (des cerveaux)

Zombie-zarre !

Il était huit heures moins quart lorsque Mathieu se rendit compte que sa montre n'avait pas l'heure. C'est sa mère qui l'avait prévenu qu'il se faisait tard. Paniqué, il comprit alors que s'il n'activait pas la routine matinale, il raterait l'autobus et serait en retard à l'école.

D'ailleurs, c'est ce matin-là qu'avait lieu l'examen final de biologie durant lequel il aurait à disséquer une grenouille. Il attendait ce moment depuis si longtemps, juste pour voir le visage horrifié de la belle Martine lorsqu'elle ouvrirait l'abdomen du batracien. Cette même Martine qui avait régurgité son déjeuner lorsqu'ils avaient regardé une mouche au microscope, il s'attendait bien à la voir vomir une journée entière de repas cette fois-ci.

Lui-même n'était pas tellement excité d'avoir à découper une pauvre grenouille déjà décédée, mais comme c'était une obligation imposée par ce bizarre de professeur Soudard, il n'avait pas vraiment le choix.

Mathieu avait manqué les classes la veille, car il avait dû se rendre chez le dentiste pour se faire arranger une molaire et la douleur était encore perceptible. Rapidement, il avala un peu de lait au chocolat et un bol de céréales. Justement, il s'était toujours demandé pourquoi ils ne mettaient pas les deux côtés givrés sur ces céréales, ce serait bien meilleur. Surtout que sa mère ne voulait plus acheter de ces autres céréales avec les guimauves séchées géniales.

Après un brossage de dents erratique, rendu difficile par sa molaire fraîchement plombée, il enfila un chandail kangourou et arriva juste à temps pour prendre l'autobus.

Comme c'était la dernière journée des classes avant les vacances d'été, il n'y avait que les élèves de sixième qui se trouveraient dans l'école ce jour-là. Le prof Soudard avait d'ailleurs beaucoup insisté sur l'importance de cet examen malgré l'effervescence qui vient avec l'arrivée prochaine des vacances.

Ce professeur Soudard était justement un drôle de moineau! Il grognait sans cesse et dévisageait les élèves avec un regard qui avait de quoi faire peur. Il ne se gênait pas pour asséner des petits coups sur la tête des étudiants récalcitrants avec le pommeau vert de sa canne. Il n'enseignait pas depuis très longtemps à l'école du rang Lointain, en fait, il n'était en poste que depuis le congé de Noël, alors que le professeur Clément avait dû s'absenter pour des raisons obscures. Dommage, le prof Clément était le plus gentil enseignant de toute l'école. Tandis que Soudard était le plus sévère et le plus méchant. Il pouvait s'énerver juste parce qu'un élève avait un coin de chemise qui n'était pas entré correctement dans son pantalon et lui lançait en semonce :

« Dans mon temps, tu aurais eu un coup de règle sur les doigts; vous avez besoin d'ordre et de discipline ! »

Heureusement, Laurent et lui pouvaient chuchoter sans qu'il ne s'en aperçoive puisque le vieux Soudard avait une prothèse auditive pour aider son ouïe déficiente et il ne la portait que très rarement.

Arrivé dans le bus, Mathieu alla immédiatement s'asseoir près de son bon ami Laurent.

– Salut Mat, prêt pour le dernier examen avant de tracer un trait définitif sur le primaire ?

– Oh oui mon vieux ! Cette journée va être longue; j'ai un mal de dents débile. Et avec le prof Soudard et ses règlements démodés de 1834...

– Mais vieux, je t'ai envoyé un courriel hier soir. Soudard a donné la permission à tous les élèves d'apporter un iPod ou un baladeur pour la durée de l'examen !

– Zut ! Avec ce mal de dents, j'ai oublié de prendre mes messages et je n'ai pas mon lecteur mp3 !

– Dommage pour toi mon vieux !

Mathieu fouillait dans son sac au cas où il aurait laissé son iPod dedans, mais en vain, il n'y avait que la paire d'écouteurs, mais pas le baladeur. Le jeune homme se trouvait vraiment nono de ne pas avoir pris ses messages, pour une fois que Soudard était cool, il ratait l'unique occasion de profiter d'un de ses rares moments de gentillesse envers ses élèves.

Arrivé à l'école, Mathieu était un peu dépitonné et comme d'habitude très anxieux. Il détestait quand il se sentait à part des autres, il en faisait une véritable phobie. Le simple fait d'avoir manqué la période d'étude de la veille pour son rendez-vous chez le dentiste lui donnait l'impression que tous le regardaient. Mathieu était très inquiet dans de telles situations. Son ami Laurent le savait fort bien et lui disait fréquemment d'arrêter de craindre d'avoir l'air différent, mais en vain.

Après quelques 15 minutes de blabla dans la cour de récréation, ding-dong-dang-dong, la cloche sonna le fatidique moment d'entrer en classe; les 34 élèves de la classe de sixième entrèrent dans cet édifice étrangement éloigné du centre-ville, tout au fond du rang Lointain.

Mathieu n'avait jamais saisi pour quelle raison ils avaient gardé l'école primaire dans ce coin perdu lorsque le grand feu avait forcé le déplacement des commerces plus au sud, n'épargnant que l'école...

Tous se succédaient à l'entrée de la classe de laboratoire. Mathieu et Laurent observaient la belle Martine quelques rangs devant eux; elle était déjà blanche et ses tempes étaient déjà en sueur, les deux amis souriaient déjà en imaginant la suite des évènements.

Alors que tous s'attendaient à voir la moue agressive de Soudard, surprise ! Le professeur était tout sourire :

– Bienvenue, chers élèves pour cette dernière journée de classe ! Aujourd'hui, vous passez votre dernier examen avant d'entrer au secondaire. Je vous ai préparé un test assez aisé, vous devriez tous y arriver sans trop de problèmes si vous suivez les règles de base que je vous ai apprises !

Voilà des propos étranges sortant de la bouche de Soudard, se disait Mathieu en prenant place devant son cubicule d'examen. Laurent lui avait d'ailleurs lancé un regard qui exprimait un sentiment semblable.

À quelques mètres de là, Martine commençait à changer de couleur; tranquillement, elle passait du blanc cassé au vert pâle. Un peu comme la tranche de pain que Laurent gardait dans son casier depuis le premier jour d'école de l'année et qui faisait bien rigoler les copains. Mais les paroles de Soudard sortirent Mathieu de sa rêverie.

– Mesdames et messieurs, comme promis hier, vous pourrez mettre vos machines à musique en marche, mais auparavant, vous allez tous prendre une gomme à mâcher spéciale que j'ai cuisinée pour vous. Allez, venez prendre un bonbon dans ce bécher ! Personne ne le saura, tous les employés sont déjà en vacances !

Les jeunes étaient tout sourire et surtout étonnés de cette soudaine grandeur d'âme de Soudard; non seulement la musique était un super bonus, mais aussi le chewing-gum ? Mathieu attendait que Laurent aille chercher sa gomme pour le suivre et prendre aussi la sienne, ce qu'il fit.

La gomme semblait étrange aux yeux de Mathieu : elle était d'un vert fluorescent hors du commun. Laurent, lui, trouvait ça super génial :

– Wow, t'as vu ça ? J'ai hâte d'y goûter !

– Heu... Et moi donc !

En retournant devant leurs cubicules, les élèves mâchaient tous à pleine bouche tout en mettant leurs écouteurs et en démarrant leur liste de lecture de musique préférée.

Mais Mathieu ne pouvait pas mâcher, puisque le dentiste l'avait bien averti d'attendre au moins 48 heures avant de mâcher de la gomme; il la mit donc dans sa poche. Ne voulant pas être à part des autres, il roula un petit bout de papier déchiré de son cahier de rapport de laboratoire et le mit dans sa bouche en faisant semblant de faire comme tout le monde.

Toujours dans l'idée de ne pas avoir l'air différent, il mit ses écouteurs sur ses oreilles même si ces dernières n'étaient pas branchées à un quelconque objet électronique!

C'est donc déconcentré par ses faux-semblants que Mathieu regardait en direction de Martine en attente d'une quelconque réaction de sa part. Elle ne bronchait pas. Il entreprit la dissection de sa grenouille au son des « mgnack-mgnack » de ses camarades de classe. Dégueulasse ! Elle était gluante, pleine de glu et de sang, ouache ! Les minutes s'écoulaient alors qu'il tentait d'identifier les différentes parties du cœur de l'animal; l'attention de Mathieu fut détournée par d'étranges bruits.

– Demonium possessium potassium chewing-gum, demonium possessium café-bodum potassium...

En levant les yeux, Mathieu se rendit compte que ces bruits étaient en fait les paroles du professeur Soudard qui semblait en transe.

En lançant un petit bout de papier roulé en direction de Laurent pour attirer son attention, Mathieu se demandait bien si ses amis n'étaient pas en train de lui jouer un vilain tour.

– Pst, Laurent ! Pst...

Laurent ne bronchait absolument pas et Mathieu réalisa que tous les élèves avaient arrêté leur examen et étaient dans un état second plutôt étrange; leurs yeux étaient fixes et émanaient un genre de halo vert phosphorescent.

– Auditorium, bonum carnavalum, judepum... Armée de zombies, retirez vos baladeurs et suivez-moi !

Sur ces paroles criées à tue-tête par le professeur Soudard, Mathieu sursauta en constatant le vieil homme qui brandissait sa canne dont le pommeau vert était maintenant super fluorescent.

Inquiet par ce qui se tramait autour de lui, le pauvre jeune homme décida d'imiter les autres et de les suivre, après tout, faire semblant d'être comme tout le monde pour ne pas se faire remarquer était sa spécialité.

Alors que tous sortaient du local à la queue leu leu, précédés par le prof Soudard, Mathieu tentait de comprendre ce qui se passait sous ses yeux. Il agrippa son meilleur ami :

- Laurent, qu'est-ce que tu fais ? C'est une blague ou quoi ?

Mais Laurent ne réagissait pas et poursuivait son chemin comme les autres. Mathieu décida alors de poursuivre sa performance d'imitateur. Le groupe en transe se rendit jusqu'à la salle des professeurs, là où Soudard prit place debout sur le bureau de la directrice, sous le regard contemplatif des zombies qui ne fixaient que le pommeau de sa canne.

C'est ainsi que le professeur Soudard se lança dans un véritable discours de guerrier à ses troupes :

– Soldats, ce monde n'a jamais cru en mes découvertes sur le contrôle du comportement humain et, lorsque le grand feu a emporté mon laboratoire, j'ai tout perdu... Il est temps de leur montrer mon savoir-faire ! Vous allez vous diriger vers le frigo pour prendre chacun une boîte de chewing-gum et les distribuer à tous les enfants que vous croiserez !

Réalisant que la situation était très grave et prenant son courage à deux mains, Mathieu décida qu'il devait passer à l'action, que c'était maintenant ou jamais !

– Mais professeur Soudard, arrêtez ! Que faites-vous ?

– Mathieu ! Comment se fait-il que tu n'aies pas été transformé en zombie comme tous les autres ? Emparez-vous de lui !

Mathieu tenta de s'esquiver, mais ce fut peine perdue; c'est son ami Laurent, plus costaud que lui, qui le ramena au professeur Soudard.

– Laurent, ne fais pas ça, nous sommes amis, voyons !

– Laurent n'est plus ton ami mon cher, c'est mon esclave ! Ils sont tous mes esclaves !

– Que leur avez-vous fait ?

– Je leur ai laissé transgresser les règles, c'est leur faute s'ils sont zombifiés! Le règlement de l'école est clair : pas de gomme, pas de baladeurs ! C'est justement là que j'ai pu mettre mon plan en marche, jeune homme !

Mathieu comprit alors comment Soudard s'y était pris et pourquoi lui n'avait pas été transformé en cette espèce zombie étrange qui n'avait rien en commun avec ceux que l'on voit dans les films.

– La gomme, c'est la gomme, c'est ça ?

– Bravo gamin ! Oui, c'est bien la gomme qui répand l'Obéirdium dans le système sanguin !

– Mais pourquoi la musique ?

– Là, tu me déçois; pour activer le déploiement de l'Obéirdium dans le cerveau, il suffit d'émettre un minuscule influx électrique, et celui de simples écouteurs fait parfaitement l'affaire... Maintenant, c'est à ton tour de rejoindre les rangs, tu veux qu'on y aille de force où tu préfères la méthode douce ?

Le pauvre gamin, prisonnier de son meilleur ami et de son professeur de biologie avait beau se débattre, rien n'y faisait, mais une idée lui traversa l'esprit...

– D'accord, Soudard, je vais me laisser faire, promis !

– PROFESSEUR SOUDARD !

– Désolé, je voulais dire professeur Soudard, vous avez raison, ils méritent cette punition de votre part, je serai heureux de vous aider à vous venger !

– Laurent, laissez approcher votre meilleur ami vers moi que je puisse lui donner une succulente gomme à mâcher !

En s'avançant tranquillement vers le vieux professeur fou, Mathieu parlait au professeur tout en baissant de plus en plus la voix.

– Professeur Soudard, je comprends parfaitement que psst psst psst psst...

– Pardon ?

Le téméraire garçon poursuivait son manège.

– Et d'ailleurs, je psst psst psst...

– Qu'est-ce que tu dis ?

– Car moi-même... Psst psst psst...

– Attends je vais mettre ma prothèse, je n'entends rien avec cette climatisation qui fait un vacarme d'enfer !

Soudard sortit la prothèse de sa poche et la posa sur son oreille.

– Bon, que disais-tu avant de devenir mon disciple zombie ?

– Je disais qu'une prothèse auditive devait bien émettre un influx électrique aussi !

– Pardon ?

Et avant même que Soudard eût prononcé le « on » de pardon, Mathieu saisit la gomme qu'il gardait dans sa poche depuis le début de l'examen et l'enfonça dans la bouche du vieil homme... Il s'empressa par la suite de réciter :

– Demonium possessium potassium chewing-gum, demonium possessium café-bodum potassium. Auditorium, bonum carnavalum et... ah oui, judepum !

Les yeux de Soudard devinrent alors vert fluorescent. Il était devenu à son tour un zombie ! Mathieu lui ordonna de lui donner sa canne et d'aller s'enfermer dans la salle de retenue, le temps que la police arrive. Par la suite, il lança à ses camarades de classe zombies l'ordre de se rincer la bouche avec beaucoup d'eau et de remettre leurs baladeurs afin d'inverser le processus de zombification.

Pour tous ses camarades de classe, Mathieu était maintenant une personne vraiment à part; il était celui qui les avait délivrés des griffes du professeur Soudard. Mathieu était maintenant convaincu d'une chose : être différent, se démarquer, ce n'était pas une mauvaise chose après tout !